네 꽃은 언제 붉지

시조사랑시인선 34

이순향 시조집

네 꽃은 언제 붉지

열린출판

네 꽃은 언제 붉지

1판 1쇄 발행 2023년 3월 20일

지은이 | 이 순 향
펴낸곳 | 열린출판
등록 | 제 307-2019-14호
주소 | 서울특별시 서대문구 통일로 48길 13, 201호
전화 | 02-6953-0442
팩스 | 02-6455-5795
전자우편 | open2019@daum.net
디자인 | SEED디자인
인쇄 | 삼양프로세스

ⓒ 이순향, 2023
ISBN 979-11-91201-40-6 03810

*책값은 뒤표지에 표시되어 있습니다.
*저자와 협의하여 인지를 생략합니다.

■ 시인의 말

　집이 북한산 자락이라 한때는 앞마당처럼 그곳을 드나든 적이 있었다. 그러나 퇴임하고서 건강상 둘레길이나 우이천을 거닐 때가 많다. 자연히 하늘보다는 땅 위에 눈길이 멈춰 조록싸리, 메꽃, 인동초, 화살나무 등에 시선이 가곤 했다.
　화살나무는 산기슭에서 자그마한 몸매로 빽빽이 모여 사는데, 줄기마다 화살 깃처럼 코르크를 달고 있다. 마치 적을 향해 전투준비를 하는 것처럼. 알고 보니 곤충들의 침입을 막기 위한 전략이라 한다.
　어느 가을, 다른 단풍보다 유난히 붉은 나무에 발을 멈췄다. 화살나무였다. 그들은 못다 한 꿈을 활화산처럼 불태우고 있었다. 아름다워 넋을 잃고 바라보는데 그 꽃이 "넌 언제쯤 나처럼 뜨겁게 사니." 하고 묻는 것 같아 부끄러웠다.
　대학 시절 교수로부터 글을 잘 쓴다는 칭찬 한마디로 문학의 길에 접어들었다. 그러나 직장과 병행하느라 사실 글쓰기는 뒷전이었다. 수필, 시 주변을 맴돌다 우연한 기회에 별생각 없이 시조에 입문하게 되었다.
　가끔 옛 선인이나 주변 시인들의 절제되고 함축적인 시조 한 수를 만나면 가슴이 설렌다. 해서 나도 소재가 맘에 들면,

어디서나 시조 한 수를 짓게 되었다. 이젠 시조는 노을 진 내 삶의 동행자이자 버팀목이 된 셈이다.

  내가 지은 시조 꽃은 장미처럼 화사하지 않고, 모과처럼 향기롭지도 않다. 그저 무심히 지나가는 사람들 걸음 멈추고 살포시 미소 짓게 하는 조록싸리나 메꽃이었으면 한다. 아니 온몸으로 꿈을 펼치는 화살나무였으면 더욱 좋겠다.

  시조의 세계화에 정성을 다하는 (사)한국시조협회 회원님들과 늘 격려해주고 지도해주시는 김흥열 선생님께 감사드린다.

2023년 3월
북한산 자락에서 이순향 씀

■ 차례

■ 시인의 말__5

1부 늦깎이의 꿈

늦깎이의 꿈 ·· 13
화살나무 ··· 14
댑싸리 ·· 15
달항아리 ··· 16
봄동 ··· 17
삼월은 ·· 18
동백 ··· 19
군자란을 바라보며 ·· 20
모란꽃 ·· 21
조록싸리 친구 ·· 22
귀로 ··· 23
반려견 ·· 24
장미의 독백 ··· 25
학림다방에서 ··· 26
매미 ··· 27
가래떡 모정 ··· 28
시래깃국 ··· 29
막차 풍경 ··· 30
고목 ··· 31
별똥별 긋다 ·· 32
무료한 날 ··· 33

2부 삶의 무늬 모시

모 시 ················· 37
코로나·1 ············· 38
코로나·2 ············· 39
엄마의 은수저 ········ 40
냉장고 ················ 41
만물상 ················ 42
오이지 안부 ·········· 43
어게인(again) ········ 44
눈 오는 날 ············ 45
동창생 ················ 46
보름달 뜰 때 ········· 47
수다 ··················· 48
솔밭의 하루 ·········· 49
나에게 절하며 ········ 50
묵은지 정 ············· 51
탑을 올리며 ·········· 52
외딴 섬 ··············· 53
세밑 거리 ············· 54
어떤 위안 ············· 55
자격증 ················ 56
승천 ··················· 57
자화상 ················ 58

3부 밤나무 일지

밤나무 일지 ················ 61
은행나무 ··················· 62
가을 발자국 ················ 63
고들빼기 ··················· 64
호박꽃 미소 ················ 65
냉이 소식 ··················· 66
맥문동 ······················ 67
청양고추 ··················· 68
갈대밭에서 ················· 69
하늘공원 ··················· 70
담쟁이 ······················ 71
고마리 ······················ 72
꽃무릇 방문 ················ 73
희망의 나래 ················ 74
목련 ························· 75
범부채꽃 ··················· 76
나무살이 ··················· 77
민들레 꿈 ··················· 78
쥐똥나무는 억울해 ········ 79
나팔꽃 ······················ 80
자벌레 ······················ 81
나목 ························· 82

4부 세한도

세한도 ······································· 85
추사의 편지 ································ 86
반가사유상 ································ 87
미륵사지 석탑 ····························· 88
강화도 광성보에서 ······················ 89
고인돌 ······································· 90
태평무 ······································· 91
한량무 ······································· 92
저녁 일기 ·································· 93
석파정에서 ································ 94
무궁화 ······································· 95
옻의 여정 ·································· 96
나전 문방사우 ···························· 97
태조산 도리사 ···························· 98
양화진 ······································· 99
화엄사 정경 ····························· 100
전등사 ····································· 101
봉은사에서 ······························ 102
원각사 십층석탑 ······················· 103
숨결 ·· 104
헌화사 석등 ····························· 105

■평설: 시조의 정체성이 확실한 품격을 유지 ··· 107

1부 늦깎이의 꿈

늦깎이의 꿈

시린 삶에 배움 터전 목말랐던 고목들이

파릇한 꿈을 안고 서툰 글 맞잡으면

빛바랜
옹이 그림자
발그스레 꽃물 든다.

화살나무

못다 푼 사연들이 갈수록 아쉬워서

활화산 피어나듯 막바지 불 지르다

넌지시
건네는 말은
네 꽃은 언제 붉지.

댑싸리

햇살의 요술일까
갸름한 줄기들이

가을 시 낭송하듯
군더더기 털어내고

온몸에
노을을 입고
갈바람과 놀고 있다.

달항아리

먼 고향 뒷동산에
고운 결 찰진 삶이

도공 손에 이끌려서
장작불에 휘감기면

모진 맘
보름달 품어
소원 하나 품는구나.

봄동

어떤 연분 맺었기에
노란 속살 품고 있나

정갈한 옷매무새
길을 떠난 봄 처자가

꽃바람 한아름 이고
단걸음에 상경하네.

삼월은

겨울이 엉거주춤 떠도는 길 모롱이

산수유 초리마다 노란 꿈 찾아와서

잊혀진
내 묵정밭을 살금살금 일구네.

동백

명장의 손길인가
별처럼 영롱하네

진홍빛 꽃심으로
언 땅을 녹여주며

알큰한
봄 향기 달아
설익은 맘 달뜨게 해.

군자란을 바라보며

생전의 훈자리에
아버님 오셨구나

허허한 베란다로
푸르른 꿈길 따라

안부차
삶의 고개에
불꽃 타고 오셨네.

모란꽃

살가운 봄바람이
오가며 지은 시를

도톰한 심장에다
한 땀 한 땀 새겨 두면

수천 년 왕국의 신비
자주 휘장 열린다.

조록싸리 친구

동그만 옷매무새
송골송골 진보라 꿈

맨발로 산길 초입
임 마중 나왔구나

이담에
뉘 근심거리
말끔히 쓸어줄까.

귀로

우중충한 전철 한 켠
할아버지 품 안에서

손주 재주 남실남실
집안에 군불 지펴

황혼에
보름달 하나
두리둥실 떠오르네.

반려견

꽃무늬 상석 위에 외동이 앉히고서
구부정 가마차를 주름손이 끌고 가면
분꽃은 고향의 추억을 빛깔 곱게 안겨준다.

장미의 독백

금수저 가문이라
왕관 쓰고 태어나도

가시 담장 두르고서
겹겹이 타는 속내

사연도
곰삭고 나면
고운 향이 되는구나.

학림다방에서

도심 속 작은 섬에
세월이 잠겨 있다

빛나는 청춘들이
고뇌하던 활화산 터

잊혀진 청춘 우려서 차 한 잔 대접한다.

매미

허물까지 내던지고
그리움을 열창하다

폭풍 같은 짧은 생이
별빛으로 돌아갈 때

씨날줄
모시 적삼에
한 생애를 적셔놓네.

가래떡 모정

등 굽은 이웃 할매
섣달그믐 떡을 썰면

산조 가락 손끝에서
휘모리가 일어나서

애련한
딸의 귓전을
쉼도 없이 파고든다.

시래깃국

청정한 무시래기
가마솥에 삶는 중에

고향의 가을 내음
천상까지 번졌는지

어느새
아버지 다가와
다정하게 말을 거네.

막차 풍경

청춘의 설레임이
새겨진 꽃송이가

흘러 흘러 벤치 위에
낙엽으로 내려앉아

색 바랜 추억 하나를 지팡이에 걸어 둔다.

고목

영겁을 꿈꾸다가 길섶에 누워있네
나이테 갈피갈피 쟁여둔 옛 추억들
꺾인 맘 절벽이 되어 선시조를 읊는다.

별똥별 긋다

해 질 녘 타는 연정 호올로 승천해서

칠흑에 수심가를 촘촘히 수 놓다가

그리워
차마 못 잊어
쏜살같이 낙하하네.

무료한 날

북한산 첫 동네에
저물녘 먹방새들

폭염에도 아무 때나
그늘로 찾아와서

나비들
꿀단지 빨듯
동네 소식 꿰고 있다.

2부 삶의 무늬 모시

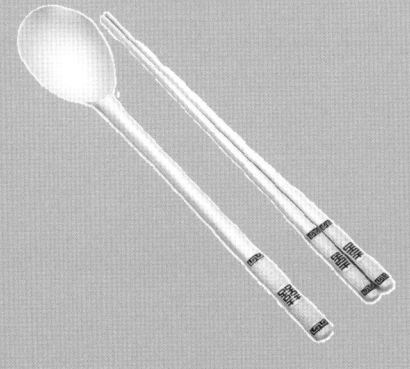

모 시

푸르름 날로 더해 무성함을 노래하다

베틀에 올라앉아 세모시로 부활하면

백옥 빛
신의 나래가
나비인 듯 가볍다.

뽀오얀 살결에다 쪽물이 곱게 들어

씀솔도 춤을 추듯 하늘빛을 물어다가

아련한
색색의 추억
한 땀 한 땀 살려낸다.

코로나 · 1

발 달린 상념들이
돌림병 피하느라

서너 평 골방에서
백 고개를 넘어가면

익은 맘
누름돌 아래
오이지로 환생하나.

코로나 · 2

세상을 오랏줄로
꽁꽁 묶은 유령들을

도봉산 신령들도
가까이서 보았는지

오봉*도
못 채울 업장에
큰 한숨을 절로 낸다.

*도봉산의 봉우리는 주봉인 자운봉, 남쪽엔 만장봉, 성인봉
 이 있고 서쪽에 오봉이 있다.

엄마의 은수저

고적한 살림집에 신랑 각시 방 들였네
해묵은 수저 부부 엄마의 선물인데
상앗빛 달무리 안에 웃는 얼굴 고왔다.

저무는 가을 녘에 남겨진 앙금들을
식탁 위 고운 임이 살며시 보듬으면
천상에 은빛 사랑이 비녀처럼 감미롭다.

도자기 은입사로 순결한 장도로도
자신을 버려야만 부활하는 은덩이들
곁에서 왕가의 품격으로 지켜보고 있구나.

냉장고

묵은 정 이십여 년 이별이 코앞인데
내 손길 맘 길들이 길들여진 동행자는
잠시도 쉬지 않고서 달려주던 친구였어.

목마르고 배고프면 새벽녘 단비되어
허기진 영혼에 푸릇푸릇 새싹 심고
뭐든지 품어만 주던 속 깊은 고목이야.

얼음의 북극 땅을 돌면서 불태우다
낙엽처럼 바래가며 멈추고 헐떡거려
노쇠한 어머니 본 듯 두 팔 벌려 안아본다.

만물상

등짐에 짓눌린 채
당나귀 서성인다

고릿적 전설들이
한데 모인 장터에서

한 시절
무용담으로
제 자랑이 바쁘다.

오이지 안부

택배를 열고 나온 희끗한 새우들이
편지 한 장 남겨두고 항아리로 들어간 뒤
옛정에 익은 사랑을 나긋나긋 나누네.

신선한 몸 선택받아 비울 것 돌아보며
누름돌에 눌린 청춘 노르스름 성숙하면
고개를 막 넘은 풀향 새콤하게 묻어 있다.

솔방울 안고 업고 비바람 참아내며
자식을 알곡 되게 기원하며 뿌린 씨앗
그리움 간간한 맛으로 밥상 위에 앉아 있다.

어게인(again)

승리란 월계관 쓴 금빛의 작은 거인
그 옛날 곤두박질 수없이 펼쳐 보다
모진 맘 한 걸음 또 한 걸음 온 세상을 뒤엎는다.

혹한에 넘어지고 일그러진 나무살이
다시금 다독이며 언 땅을 일구는데
햇살에 손톱만한 푸름 새초롬히 앉아 있네.

삶이란 고갯길을 허위허위 넘다 보면
평지보다 자갈길에 채이며 주저앉자
괜찮아 믿음이란 보물 지친 마음 휘잡는다.

눈 오는 날

새 생명 기다리며
호호 부는 나무 손에

순백의 귀한 맘을
팔랑팔랑 날라다가

목화솜
도톰한 위안
맵시 나게 입히네.

동창생

희망 찾아 걷고 뛰다 반세기 전 친구 보니
풋풋한 봄날보다 산국 피는 가을 같아
그 옛날 무성한 잎새 어디 두고 왔을까.

예스런 한옥들이 엿보는 등굣길은
선각자들 구국열이 활활 타던 용광로라
색색이 고운 추억거리 선혈 속에 핀 꽃이야.

교정 안 백송나무 뽀얀 손길 드리운 채
온갖 풍상 입었지만 당당하고 멋스러워
노을 진 우리 귀향길도 감빛으로 불 지르자.

보름달 뜰 때

보름달 내걸리면 그리움에 젖는 모정
날아간 꽃씨처럼 낯선 곳에 터를 잡고
흐벅진 꽃 피우기를 기도하고 계시다.

수다

묵은 일상 모자이크 조각마다 벗겨지네

입술이 모여 앉아 폭포수 떨구지만

움켜쥔
막바지 무늬
차마 그냥 섬이 되네.

솔밭의 하루

아파트 이웃 동네
푸르른 오아시스

산나리 꿈자린 양
소박한 사랑채에

노송은 허리 구부정
묵은 정 쌓고 있다.

절절한 혈의 산맥
산자락에 묻어두고

세월 한 줌 곱씹으며
어르신들 솔향 찾아

두어 분 자리 허전해
별빛 따라 가셨나 봐.

나에게 절하며

조석으로 예불하듯 날 향해 숙여 봤나
먼 산만 기웃대며 겉치레에 익은 세월
대웅전 풍경소리는 마음가짐 살피라네.

내리막길 여정 너머 비밀정원 돌아보면
화사한 장미보다 잔챙이 푸새 마당
눈비를 버텨낸 지심이 봄 햇살에 눈부시다.

묵은지 정

종갓집 맛이라며 건네준 묵은지에
사연도 옹골지게 농익은 감빛 연정
먼 세상 어머니 안부 받아본 듯 설레네.

입동 지나 구순 노모 수시로 김치 보내
비좁다는 핑계 삼아 무심히 넘겼는데
멀고 먼 세월을 돌아 다시 온 듯 반갑다.

탑을 올리며

오늘도 밑돌 괴며 깨지 못할 돌 쌓는다
기단을 바로 꿰어 멋진 탑신 빚고프나
반세기 일상의 행렬 오자들만 잡힌다.

태양을 꿈꾸면서 옥개석에 걸터앉아
해마다 뿌린 씨앗 열매 없이 낙화 되니
층층이 서린 번뇌야 사리 한 알 영글려나.

한창때 벚꽃길과 해거름 회한 입고
혹한과 땡볕에도 그럭저럭 버틴 세월
반품이 없는 삶이라 고운 앙화 올려야지.

외딴섬

어둠 속 작은 들꽃 세상에 날개 펴고
바람 탄 나비인 양 수화춤 휘이 훨훨
한 줄기 빛 입은 손님 한 몸되어 강 건넌다

망망대해 외딴섬에 떠다니는 쪽배처럼
향그런 노랫소리 아득히 출렁대도
가슴에 품은 별빛은 이슬처럼 순결하다

* 청각장애인을 위한 자선음악회에서

세밑 거리

한해 끝 숨찬 나날 빡빡한 건물 틈새
앙상한 감나무 위 바알간 꽃봉오리
누군가 아쉬움 몇 알 얹어놓고 갔구나.

어떤 위안

촉촉한 논두렁 안
수백 번 오간 손이

정성껏 꿴 구슬들
백옥으로 부활하면

멀리서
밥은 먹었니 어머니가 묻는다.

자격증

노을이 물든 훈장
숲속 친구 품고 있어

팥배 열매 두어 묶음
모과 향기 열 보시기

속살엔
되찾은 열정
사리인 양 묻어 있다.

승천

주야로 황토밭이 옥토되길 섬기던 분
벚꽃 비 날리던 날 먼 길을 떠나시며
아쉬움 선산에 묻고 풍경소리 입으셨네.

계단마다 매듭진 삶 허위허위 올라가면
접혀진 날갯죽지 갈무리된 거처에서
백 년 된 백로 한 마리 훠이훠이 날아가네.

자화상

현대판 처세술이 쓰나미로 몰려와서
가슴을 타고 넘어 등까지 점령하면
어느덧 코뚜레에 걸려 신상품이 끌려간다.

세상에 나가보면 끝없는 상품경쟁
휘황한 겉옷으로 눈길을 사로잡아
소박한 민초의 꿈을 풍선에다 매단다.

3부 밤나무 일지

밤나무 일지

간절함이 넓고 깊어 꽃탑은 구름송이
오뉴월 향기 모아 꿀까지 내어주곤
동그만 가시방에서 영혼을 살찌운다.

옹골진 다짐으로 암꽃 수꽃 떨구고는
가시 벽 뚫고 나와 해맑게 웃는 생명
고향길 소꿉친구 만난 듯 반가움이 내달린다.

가지 끝 찬바람에 나신이 되어서도
허전한 주머니에 담아 준 노랑 속내
따스한 구들장 온기 헛헛한 맘 쓸어간다.

다갈색 몽돌들을 요리조리 매만지면
까칠한 삶의 연흔 백옥으로 응답하며
삼정승 젯상에 앉아 조상님을 모신다.

은행나무

원당샘 공원 안에 팔백 년 된 왕국 한 채

명재상 거느리고 금빛 낙원 꿈꾸면서

수억 년
조상의 밑씨
무성으로 답하네.

먹구름 연산군 맘 표석에 앉혀 놓고

불멸의 정의 공주 한글사랑 꿈 밝히며

민초들
수호천사로
사서삼경 되뇐다.

가을 발자국

햇살과 찬 서리가 올올이 버무려져

홍록의 사연들이 빚어낸 무릉도원

가을 시
고운 발자국
마음길을 밟고 가네.

불꽃으로 승화시킨 축제를 마감하면

열연한 배우에게 박수치는 관객처럼

낙엽 비
융단을 깔며
고운 임을 보낸다.

고들빼기

갈퀴손 부끄러워
쓰디쓴 옷 입었는가

고채苦菜란 이름 달리
노란 산국 닮은 아씨

속살엔
쌉싸래한 사랑
멀리 간 임 돌아온다.

호박꽃 미소

별 모양 고운 자태
주름치마 입고 나와

하늘하늘 노란 손길
이슬 담고 방긋하면

금당에
계신 부처님 미간에도 꽃이 핀다.

냉이 소식

엉클어진 머리 품새
촌부의 손끝으로

꽁꽁 언 땅속에서
봄소식 일궜나요

별 모양
꽃송이마다
향기 품어 앉았어요.

맥문동

응달 속 주연배우 포기마다 깃발 달아
조롱조롱 보랏빛 꿈 폭염에도 작은 언약
올가을 흑구슬 빚어 뉘 마음 데워줄까.

언 땅에 뿌리 내려 푸른 옷 갈아입고
친구들과 어우러져 고운 선율 남실거려
꽃대엔 우주의 비밀 한 줌씩 들고 있네.

청양고추

하늘 뜻 닮아선지
초록으로 몸 낮추다

웃기로 살짝 앉아
상큼하게 입맛 모니

평생을 조연으로 살지만
환영받는 배우다.

갈대밭에서

걸친 옷은 서걱대고 머리는 백발인데
햇살을 잔뜩 이고 온종일 서성이며
세월에 빠진 청춘을 아쉬운 듯 바라본다.

하늘공원

계단 너머 옥색 치마 구절초 빛 구름 아래
억새 풀 은빛 혼이 천국 동네 휩쓸다가
인연끈 떨쳐버리고 머무르라 손 내미네.

가녀린 코스모스 연분홍 목소리에
털복숭이 댑싸리들 공연히 낯 붉히다
가을 꿈 바람에 날리고 노을빛에 젖어 드네.

담쟁이

빨판 지고 기더라도 오르는 게 살 길이라
절벽이든 천정이든 고행길 나섰다가
간만에 패랭이꽃 만나 한 잔 술에 불콰하다.

아기 발 쪼그린 손 운명에 순응하듯
앞선 이 따라가며 거미손을 펼쳐가면
어느새 수채화 한 폭이 담장 위를 가린다.

고마리

발그레 깨알송이 개울가를 휘감다가

수없이 말을 걸며 발까지 간지럽혀

볼수록
앙증맞은 아이
꽃 선물을 주는구나.

쪼그려 앉아서야 보이는 겸손의 뜰

봐주건 안 봐주건 자족하며 즐기다가

도랑에
아기자기 모여
홍익까지 논하네.

꽃무릇 방문

임 찾아 귀한 손님 아파트에 오셨는가
꽃대에 숨긴 설움 사슴처럼 목을 빼고
가슴에 타는 불꽃을 횃불처럼 들고 섰다.

이별의 서러움이 삭지도 못했는데
곱상한 화관 머리 이우는 저녁나절
내년 봄 기약하면서 꿈 하나를 묻는다.

희망의 나래

영하의 찬 세월에
태양신 행차신가

뭉게구름 거느리고
잡아당긴 불화살이

비단길
양지 짜내어
어두운 맘 밝히네.

목련

잠 덜 깬 이른 아침
정갈한 붓을 들고

한겨울 못다 한 정
시 한 편 보내놓고

고운 임
답장 기다리며
하루종일 서성인다.

범부채꽃

인사동 햇살 아래
진홍 바탕 깨 금박이

해 질 녘 일상 엮듯
돌돌돌 굴리다가

부채 손
꽃술에 기대어
영근 사랑 담는다.

나무살이

큰 길가 공원에서 양지 자리 풀꽃 주고
햇살 찾아 승천하듯 구불구불 가지 엮어
수천 년 이어갈 자손 마디마디 키운다.

해풍이 헐뜯어도 벼랑에서 곡예하듯
예술혼 불태우듯 푸른 지절 펼쳐내면
우뚝 선 선비의 기상 만천하의 표상이다.

산마을 명당에서 하늘을 떠받들다
올곧은 미송 된 후 구중궁궐 꾸미고자
한목숨 기꺼이 바쳐 대들보로 다시 산다.

민들레 꿈

혹독한 겨우살이 햇볕만이 살길이라
온몸을 활짝 펼쳐 간절하게 우러르면
샛노란 봄의 송이들 선물인 양 솟아나네.

꽃길 건너 돌 틈에서 소박한 꿈을 키워
보름달 닮은 자식 한 아름 이고 살다
바람이 찾아온 날에 미련 없이 싸 보낸다.

쥐똥나무는 억울해

마주 선 잎차례에 수수한 살림살이
은은한 향기 입고 청순한 맘 나팔 불어
곤충들 은식처인데 쥐똥 문패 서러워요.

풍성한 머리 물결 제멋대로 다듬어서
담장마다 일렬종대 빼곡히 둘러치면
가늘게 한숨 쉬는 소리 환상통을 겪나 봐요.

나팔꽃

한적한 길섶에서 송이송이 꿈 피우려

영혼을 퍼 올리며 산고 넘긴 저 열정은

보랏빛
여인의 순정
눈부시게 아름답다.

자벌레

창공을 날고 싶어 마디마디 연두 입고

외줄에서 소원 빌며 경건하게 일배하며

짤막한
줄무늬 자로
세상살이 재고 있다.

나목

온갖 영화 흘러가고 찬 서리에 의연하네
청춘은 지났건만 지조는 금줄이라
옛 추억 곱씹으면서 하늘 향해 꿈을 짠다.

4부 세한도

세한도

돌담 안 금수저가 독서와 붓 향기로
예술혼 갈고 닦아 금자탑을 피웠으니
명성이 솟을대문 지나 중국까지 넘나든다.

풍랑에 버려진 몸 누옥에 묻어두고
유배지 곤고함을 서화로 녹이다가
선비 맘 무인도에다 신의 한 수 심었구나.

누군들 벚꽃진 후 돌바람 없겠는가
우듬지 새 한 마리 줄 타듯 넘긴 세월
고단함 어떤 필체로 내 바다에 얹힐까.

추사의 편지
-제자 이상적에게

햇살로 그림자를 지워준 은인이여
수만 리 생사 넘어 신학문 들여다가
푸른 솔 한결같은 우정 토담집에 걸어놨네.

권세란 흙탕물에 연꽃처럼 피어나서
뛰어난 통역술에 웃기로 시화까지
그 열정 불사조 되어 세한도에 살고 있네.

반가사유상

천여 년 긴 침묵이 인연을 잡고 있다
소박한 보관 쓰고 다소곳이 내린 눈매
자비심 고인 입매엔 무상이라 속삭인다.

켜켜이 쌓인 발원 저리 곱게 다듬었나
턱 괴고 피어오른 연꽃 미소 그 잔잔함
깨달음 어둠을 밀고 해탈문에 앉아 있네.

미륵사지 석탑

이제사 문 열었네 천년 세월 임의 비밀
미륵불 기다리던 무왕의 간절한 맘
그 염원 흘러 빚어서 햇살 아래 웃으신다.

풍화에 돌옷 입고 상처 난 반쪽 생애
옥개석 고개 들어 하늘 향한 합장인데
깨어진 꿈의 조각에 풍경소리 아려온다.

심주에 보물 품고 구국의 크나큰 뜻
이제사 도공 손에 되살아 난 조상 숨결
인간사 회한의 돌탑은 편작인들 복원할까.

강화도 광성보에서

무심한 해안선에 갈매기 울고 가네
숨겨진 속울음을 한 켜 한 켜 펼쳐보면
파도 속 시리게 견딘 주름 깊은 어머니.

낯선 이 발자국에 가슴 쓸고 기도하니
참성단 수백 계단 등 굽어 닳고 닳아
밥상 위 보라색 순무 벌건 눈물 흘린다.

요새의 성벽 이마 가슴 아린 폭탄 흔적
구식총 맨 어린 아들 비문으로 사그라져
긴 한숨 회한의 눈물 다북쑥만 우거지네.

고인돌

한나절 소풍 나와 짚신 신고 죽장 잡고
훨훨훨 나비춤을 백로와 놀고 나면
돌 탁자 튼실한 집이 편히 쉬라 손짓하네.

버거운 억겁의 연 바람에 넘겨주고
혼구멍 사랑구멍 슬며시 새겨 놓아
억새꽃 흐드러진 길에 방점 하나 찍는다.

태평무

사르르 스란치마
휘감는 홍학들이

한삼으로 바람 잡고
깨금발 내달으면

꽃살문
빛바랜 얼굴로
설운 사연 들먹인다.

한량무

갓끈에 품위 달고
도포 자락 하늘 담아

어깻짓 넘실넘실
호방한 춤사위여

버선발
향피리 밟으며
학이 되어 놀고 있다.

저녁 일기

하루를 고이 접어 보퉁이에 아우른다
염낭 속 품은 꿈이 아직도 못 삭아서
세월도 걷잡지 못했나 땡감 맛이 남아 있네.

추억의 늪 속에서 건져 올린 알갱이들
햇볕에 바짝 말려 고운 체로 걸러내면
사리로 남은 하루가 보석처럼 반짝일까.

석파정에서
-대원군 별장

인왕산을 마주보는 미술관 뒤뜰에는
한옥이 날아갈 듯 숨 고르며 앉았는데
탁 트인 별천지 세상이 온갖 시름 잊게 한다.

주인장 소싯적에 문전박대 당했어도
가슴엔 개혁이란 이상향 심었으니
천년 송 못다 푼 꿈이 사랑채에 익어간다.

별 같은 아들 두고 천하를 주무르다
쇄국이란 걸림돌에 그림자로 내쳐지니
난 치며 잠재운 울분 소낙비가 올 것 같다.

무궁화

공원길 초입에는
단아한 선비들이

새벽에 일어나서
몸과 맘 매만지고

곧은 등 솟대가 되어
지긋이 바라본다.

붉은 정 흰 옷자락
고아한 학무리들

마음길 옥돌인 양
바람에도 갈고 닦아

진창에 불같이 일어
목숨마저 떨궜구나.

옻의 여정

천만 년 꿈꾼 세월
생채기로 허한 맘이

액자나 장롱에다
뽀얀 눈물 내비치면

흑진주 잠들었던 성정
별빛되어 쏟아낸다.

소멸하는 우리 것에
목숨 건 어느 작가

일본마저 시샘하는
옻의 혼불 되찾아와

끌려간 옛 장인의 원혼
오색으로 화답한다.

나전 문방사우

청정바다 조가비가
육지로 끌려와서

가위손에 요리조리
장인의 손길 따라

알알이
별빛을 품은
필통으로 다시 난다.

태조산 도리사*

신라의 천년 고찰
적멸의 궁 다가서면

천 살 넘은 아도화상
복사꽃등 밝히고는

낙동강
익은 노을되어
해탈시를 그린다.

*고구려 아도화상이 창건한 신라 최초의 가람으로 겨울에도
 복사꽃과 오얏꽃이 만발하여 도리사라 명명함.

양화진

젖 흐르는 고국 떠나 황무지에 씨 뿌리며
땀으로 사는 삶은 기쁨으로 가득하다
몇백 년 지나고 나면 천도화가 필 테니까.

하늘로 가는 길에 계단처럼 쌓는 믿음
순결의 옷을 입고 한발 한발 올라가면
나루터 붉은 울음도 목련처럼 환하려나.

화엄사 정경

노고단 천년 불심 각황전 옆 매화되어
연기조사 서원인 양 가지마다 불꽃 잡아
불난 듯 활활 타오르며 화엄경을 독송한다.

향그런 지난 나날 물처럼 흘러가고
승방곁 나무보살 풍상에 뒤틀어져
한세월 옹이진 업보 돌아보며 합장한다.

전등사

천년 고찰 전등사엔 수백 년 된 불사조가
아름드리 큰 품으로 견공까지 맞이하며
피 흘린 전쟁의 외마디 짙푸르게 안고 있다.

외세의 발길에도 의연했던 대웅보전
부처님 가피 입어 전설 입고 금빛인데
동문 앞 양요* 승전비 무심 속에 봄을 맞네.

*병인양요(1866년) 때 프랑스군을 물리쳐 승리한 양헌수 장군을 기리는 비.

봉은사에서

일주문 들어서면 불보살이 날 반긴다
무지개 펼친 듯이 연꽃은 곱고 고와
도심 속 정토를 본다, 등불마다 염원 담긴.

생로병사 고리 안에 맴도는 시름 자락
나날이 티끌 되어 소복이 쌓여 가면
인생사 구름이라고 처마가 손짓하네.

원각사 십층석탑

후줄근한 노년 속에 팔작지붕 귀부인상
당초 무늬 연꽃 잎새 화려한 의상으로
그 옛날 팔각정 추억 만세삼창 읽고 있네.

숨결

경복궁 날랜 처마
풍경 속에 알록지고

모란 연꽃 길상 문양
머리초도 호화로워

궁궐 내
온갖 비화들
단청마다 묻어 있다.

헌화사 석등

연꽃 두른 귀인 형상
비운의 유랑 끝길

박물관 한켠에서 염원의 불 기다리며

천년 꿈
푸르던 왕조
옥개석에 접어 둔다

■ 평설

시조의 정체성이 확실한 품격을 유지한
이순향 시조집 『네 꽃은 언제 붉지』

김흥열
(한국시조협회 명예이사장)

Ⅰ. 시작하며

먼저 이순향 시인의 시조집 『네 꽃은 언제 붉지』 발간을 진심으로 축하드린다.

시인은 서강대 졸업 후 중등학교에서 평생 이 나라의 미래인 동량들을 길러내다가 교장으로 퇴임하고 나서 문단에 발을 들여놓았다. 요즘은 열과 성을 다하여 시조 발전에 기여하고 있다. 현재는 도봉문협 부회장 및 (사)한국시조협회 감사직을 맡고 있으며, (사)한국시조협회에서 시조작품 문학상을 받은 경력이 있다.

우리는 왜 시詩를 쓰지 않고 시조時調를 지으려 하는가? 흔히 말하기를 시조는 우리의 전통문화傳統文化라고 말한다. 이 '전통'이란 말속에 '지켜 보존하고 후세에 전승傳承한다.'라는 의미가 이미 내포되어 있다. 이는 시조의 정체성(변할 수 없는 유전인자: meme)을 지키며 현대시조를 창

작해야 함을 의미한다. 그러나 요즘 지상紙上에 발표되는 현대시조를 보면 그야말로 가관이다.

전통이 무엇인지, 무엇이 보존해야 할 시조의 유전인자인지, 자유시와 어떤 점에서 변별력을 갖는 것인지 그 실체를 제대로 파악하지도 못한 채 중구난방 식으로 작품을 생산하고 있다. 이런 현상을 질타하듯 이번에 발간하는 시인의 시조집에 수록된 작품은 하나같이 정체성을 유지하고 있다. 시조의 유전인자를 그대로 살려내 현대적 감각으로 표현한 작품 하나하나가 금과옥조金科玉條이다.

사실 이순향 시인은 시조 경력이 아주 오래된 분은 아니지만 엄청난 노력을 하여 이처럼 아름다운 작품을 모아 세상에 그 환한 금빛 얼굴을 드러내놓고 있다.

이번 작품집 『네 꽃은 언제 붉지』를 보면 4부로 편성되어 있는 바 1부는 <늦깎이의 꿈>, 2부는 <삶의 무늬 모시> 3부는 <밤나무 일지> 4부는 <세한도> 등 총 80여 편을 수록하여 작가가 보고 느낀 감정을 세밀하며 신선한 미적 감각을 동원하여 독자들에게 선보이고 있다.

시조는 특히 노래와 관련이 깊다. 그래서 『청구영언 1728년』의 발문을 쓴 정래교는 "노래를 글로 쓰면 시가 되고 시를 관악기와 타악기에 얹으면 노래가 된다."라고 했다. 또 영국의 매슈 아널드는 "시는 인간의 가장 완벽한 발언發言"이라고 했다.

이처럼 시조를 찬양하는 것은 역사성과 예술성의 가치

(value) 때문이다.

  역사가 오래되었다고 모두 가치 있는 것은 아니다. 아무리 시조의 역사가 오래되었다 하더라도 우리 삶을 기쁘고 신나게 만들어 주지 못한다면 무용無用하다. 예술의 본질이 우리 삶을 풍요롭고 아름답게 만드는 것이 그 역할이라면 시조는 우리의 삶을 얼마나 아름답게 만들어 왔는가를 짚어 보아야 한다.

  시조는 언어예술로 사람의 마음(생각)이 밖으로 나와 우리 삶을 기쁘고 신나게 만들고 사유의 폭을 넓혀 간다. 생각은 어느 누구도 볼 수 없지만, 말이라는 수단을 통하여 듣게 만들고 이를 사라지지 않도록 하나의 기호(글자)로 기록하면 작가의 마음이 되고 하나의 문화가 된다. 그래서 문화는 우리의 몸과 마음이 지닌 기호라고 말할 수 있다. 이 기호를 통하여 공동체 구성원들은 익히고 배워 하나의 전통을 만들어 가게 된다. 이 역사라는 과정을 통하여 검증을 받고 가치를 인정받기 때문이다.

  지금 국내에서는 시조時調가 별 관심을 끌지 못하고 있지만 미국이나 유럽 등에서는 시조의 매력에 빠져 시조인구가 날로 들불처럼 번져나가고 있다. 이제 머잖은 장래에 시조의 세계화가 이루어질 것이고 국내 학계나 정부 관련 기관에서도 시조의 참가치를 비로소 깨닫게 될 것이며, 자랑스러운 민족문화로 자타가 인정하는 자랑거리로 삼을 날이 올 것이라는 확신을 갖는다.

이순향 시인의 작품을 한마디로 대변하라면 주옥같은 보석으로 가득 채워진 보물단지라 말하고 싶다. 작품을 다루는 솜씨가 아주 달라졌는데 이를 두고 일취월장日就月將이라 하는 것 같다.

이제 시인의 정신세계로 들어가 작품에 숨겨둔 시인의 메시지를 하나하나 찾아보고 감상해 보기로 한다.

II. 작품 감상

겨울이 엉거주춤 떠도는 길 모롱이

산수유 초리마다 노란 꿈 찾아와서

잊혀진
내 묵정밭을 살금살금 일구네.
「삼월은」 전문

우선 이 작품에서 독자의 눈길을 끄는 것은 '겨울이 엉거주춤' 한다느니 '산수유 초리마다' 같은 비일상적 언어이고 '노란 꿈 잊혀진 묵정밭' 같은 표현도 매우 신선한 느낌으로 다가온다.

겨울은 봄에 선뜻 그 자리를 내주려 하지 않고 미적거린다. 또 일상 언어인 산수유의 가느다란 가지를 '초리'라는 시인의 말로 대신하였다. 같은 말이지만 독자는 신선한 느낌을 받는다. 화자는 '노란 꽃'이라 하지 않고 '노란 꿈'이라 했는데 산수유꽃이 노랗기 때문에 그가 꾸는 꿈도 노랗다는 시각적 이미지를 만들었다. 혹독한 겨울에 비하면 봄은 희망의 계절이다. 그래서 가지 끝마다 희망의 봄이 왔다는 은유적 표현을 하였다. '잊혀진 내 묵정밭'은 화자의 마음이다. 묵정밭이라는 보조관념을 도입하여 자기의 심정을 말하고 있다. 무디어진 우리의 마음이 조금씩 되살아난다는 표현의 기교이다. 초장에서 말하는 길모롱이에서 왜 겨울이 엉거주춤 머문다고 느끼는 것일까? 이는 같은 봄바람이라 하더라도 길모퉁이에서 맞는 봄바람은 더욱 춥고 매몰차게 느껴지므로 고도의 사유를 통하여 찾아낸 묘미라 할 수 있다. 단시조의 깔끔함을 잘 갖춘 수작秀作이라 할 만하다.

> 금수저 가문이라
> 왕관 쓰고 태어나도
>
> 가시 담장 두르고서
> 겹겹이 타는 속내
>
> 사연도
> 곰삭고 나면
> 고운 향이 되는구나.
>
> 「장미의 독백」 전문

시중에서 유행하는 말로 '금수저'니 '흙수저'니 하는 말이 있다. 이런 말은 표준어는 아니지만 이미 기호화된 말들이라 모르는 사람이 없을 것이다. 이런 말들은 권력과 부의 세습을 비판하거나 비웃는 바람직하지 못한 표현들이다. 화자는 인간사회의 모순된 모습을 빗대어 장미 이야기를 하고 있으나 그 속내는 장미를 통하여 우리의 비뚤어진 삶을 조명한다고 보아야 한다. 장미는 꽃 중에서는 금수저이다. 그러나 화자의 눈에는 이처럼 화려함에도 불구하고 무엇인가 두려워하고 속 타는 일이 있어 가시를 둘러치고 자기 보호에 들어가 있다고 본다.

하지만 이런 고통과 두려움의 사연도 곰삭혀 내면 향기롭다고 생각한다.

우리는 누구나 한 가지 고민 또는 아픔은 지니고 산다. 이를 잘 견뎌내면 장미 향처럼 아름다운 인간 냄새를 풍길 수 있다는 철학적 사고를 하게 한다.

> 햇살의 요술일까
> 갸름한 줄기들이
>
> 가을 시 낭송하듯
> 군더더기 털어내고
>
> 온몸에
> 노을을 입고
> 갈바람과 놀고 있다.
>
> 「댑싸리」전문

시조는 정형성을 요구받는 언어예술이다. 이 작품은 시조의 형식을 완벽하게 지키면서도 그 내용은 현대적이다. 즉 문장의 짜임새가 자유롭다. 시인은 '댑싸리'라는 한 식물의 DNA를 고집하지 않고 오히려 햇살의 요술이라고 말한다. 군더더기 없는 작품이다. 종장에서 '노을빛에 갈바람을 맞는다.'라고 하지 않고 의인화하여 마치 우리 삶의 한 단면을 대신 보여주고 있다. '노을을 입는다', '갈바람과 논다'라는 표현이 매우 신선하고 낯설다. 시인은 언제나 아무도 사용하지 않은 시어를 찾아 쓰려고 노력하는데, 이러한 추구가 독자의 구미를 당겨주는 요인이 되고 있다.

    묵은 정 이십여 년 이별이 코앞인데
    내 손길 맘길들이 길들여진 동행자는
    잠시도 쉬지 않고서 달려주던 친구였어.

    목마르고 배고프면 새벽녘 단비 되어
    허기진 영혼에 푸릇푸릇 새싹 심고
    뭐든지 품어만 주던 속 깊은 고목이야.

    얼음의 북극 땅을 돌면서 불태우다
    낙엽처럼 바래가며 멈추고 헐떡거려
    노쇠한 어머니 본 듯 두 팔 벌려 안아본다.
                                  「냉장고」 전문

고향이 그립고 옛 친구가 더 보고 싶은 것은 정情 때문이다. 비록 '냉장고'라는 사물이지만 정이 들면 친구가 된다.

화자의 말대로 손길, 맘 길에서 정이 들었으니 아무리 낡고 고장이 나는 물건이라도 정이 가는 것은 어쩔 수 없는 일이다. 얼마나 정이 들었으면 노쇠한 어머니 같아 두 팔로 안아본다고 했을까?

  이 작품의 특이한 점은 <시조 통일안>에서 말하는 구와 구의 띄어쓰기 규칙을 어긴 것인데 이는 작가의 의도적인 행위로 보인다. 3수로 된 연시조로 구와 구를 한 칸씩 벌여 놓으면 산만한 자유시의 행갈이 같은 느낌을 주므로 아마 이처럼 행갈이를 한 것으로 보인다.

  다음 백과에 따르면 "문학은 가치 지향적이므로 작가가 지향하는 가치, 문학작품 자체에 담겨 있는 가치, 독자가 수용하는 가치 등으로 구분된다. 이 가치를 실현하는 것은 생각, 느낌, 경험, 지식 등을 동원하여 의미를 재구성하는 것이다."라고 한다.

  시인 역시 행갈이를 통하여 문학적 가치를 고양시키려는 의도가 있었다고 보인다.

  그렇다 하더라도 자칫 자유시의 모방처럼 보여 시조의 전통적 가치를 훼손할 염려는 있다고 보아야겠다.

    등짐에 짓눌린 채
    당나귀 서성인다

    고릿적 전설들이
    한데 모인 장터에서

한 시절
무용담으로
제 자랑이 바쁘다.

「만물상」

이 작품은 우리의 사회상 같은 모습을 보는 듯해서 참여시(앙가주망, engagement)가 아닐까 하는 생각을 해 본다. 당나귀는 권력이나 재산이 많지 않은 일반 시민을, 고릿적 전설은 대대로 권력이나 부를 세습 받는 현상을, 장터는 우리 사회를, 한 시절 무용담은 힘없는 백성의 자존심처럼 읽힌다. 그래서 제목도 '만물상'이다. 사회를 구성하고 있는 다양한 모습들이다.

젊어서 호랑이를 맨손으로 때려잡지 않은 이가 없듯이 누구나 한두 가지 무용담은 지니고 있다. 우리는 종종 비정상적인 사회 모습을 '세상은 요지경'이라고 말하기도 하는데 작가가 본 '만물상'은 이런 어처구니없는 요지경 세상을 대신한 말로 이해된다.

못다 푼 사연들이 갈수록 아쉬워서

활화산 피어나듯 막바지 불지르다

넌지시
건네는 말은
네 꽃은 언제 붉지.

「화살나무」

화살나무는 나뭇가지에 화살의 깃털을 닮은 회갈색의 날개를 달고 있다. 이 특별한 모양새를 두고 귀신의 화살 깃이란 뜻으로 예전에는 '귀전우鬼箭羽'라고 하기도 했다

화살나무꽃은 이른 봄에 연초록으로 피는데 가을이면 잎이 빨갛게 물들어 마치 불타는 것 같다. 종장에서 "넌지시 건네는 말은 네 꽃은 언제 붉지." 하고 독백처럼 하는 것은 화자 자신이다. 화살나무는 자신이 붉은 꽃을 피울 수 없다는 것은 너무나 잘 알기 때문에 이런 독백을 할 필요가 없다. 한 생을 살아오면서 못다 푼 사연들이 너무나 아쉬워서 가을 맞은 나뭇잎처럼 정열을 불태우고 싶다는 작가의 독백이다.

어느 시인의 말을 빌리자면 인류가 가장 좋아하는 말(단어)은 '어머니(mother)'이고 두 번째가 열정(정열, passion)이라 했다. 시인 역시 시조에 대한 자신의 열정을 말하는 것으로 생각된다. 사회 또는 문명의 발전은 공동체를 이루고 있는 구성원의 열정에서 나온다. 이런 열정이 없다면 우리는 지금도 원시를 살고 있어야 할지도 모를 일이다. 열정을 가진 사람만이 사회를 변화시키고 발전시키는 슈퍼맨이 될 수 있다.

희망 찾아 걷고 뛰다 반세기 전 친구 보니
풋풋한 봄날보다 산국 피는 가을 같아
그 옛날 무성한 잎새 어디 두고 왔을까.

교정 안 백송 나무 뽀얀 손길 드리운 채
온갖 풍상 입었지만 당당하고 멋스러워
노을 진 우리 귀향길도 감빛으로 불 지르자.

「동창생」 첫수, 셋째 수

  독자로 하여금 추억을 소환召喚케 하는 작품이다. 옛 친구를 만나보니 젊은 날의 앳된 모습은 어디 두고 왔기에 산국 피는 가을 같다고 했을까. 세월을 이길 장사는 없다. 정말 잘 표현한 구절이다. 지난 시절 무성했던 잎새는 아마도 꿈 많고 발랄했던 청춘을 말하는 것이리라. 무성한 푸른 잎들은 모두 추억의 앨범 속에 가둬두고 살아가는 것이 인생이라 여겨진다.

  그렇지만 화자는 다짐한다. '노을 진 우리의 귀향길도 감빛으로 불 지르자'고. 감빛은 가을이며 인생으로 치면 황혼기이다. 감은 완숙의 단계에 접어들어 있으므로 빛은 아름답고 속은 농익어 있다. 가는 세월을 탓만 하지 말고 뜨겁게 불 지르자고 외치는 화자의 모습이 아름답다. 어차피 우리는 귀향길로 접어들지 않았는가.

  우리도 가는 세월을 아쉬워하지 말고 이웃에게 베풀며 사랑하며 감처럼 속이 익어가자는 메시지를 독자에게 던지고 있는 작품이다.

묵은 일상 모자이크 조각마다 벗겨지네

입술이 모여 앉아 폭포수 떨구지만

움켜쥔
　　막바지 무늬
　　차마 그냥 섬이 되네.
「수다」 전문

　참 재미있게 지은 작품이다. 그 비유법도 뛰어나다. 시인은 비유를 잘하는 시인이다. 이 얘기는 시詩의 본질을 충분히 이해하고 있다는 증빙이기도 하다. 초장이 아주 낯설지만, 그 의미는 선명하게 드러난다. 중장도 여럿이 모여 떠드는 모습을 '참새들 입방아'라고 말들 하지만 이 시인은 '입술이 모여 앉아 있다.'고 기표記表하고 있다. 소쉬르가 정의한 언어학에서 기표記表(signifiant 시니피앙)와 기의記意(signifié 시니피에)를 잘 반영하고 있는 작품이다.

　종장에서 '막바지 무늬가 섬이 된다.'라고 했는데 무슨 의미일까?

　움켜쥔 막바지 무늬는 아마도 각자가 가지고 있는 밝히고 싶지 않은 비밀이거나 자존심 또는 부끄러운 이야기가 아닐까 하는 생각을 해 본다. 그래서 그는 외로운 섬이 된다. 섬은 외부와 소통이 차단된 공간으로 이해되기 때문이다. 이런 섬 하나씩 품고 사는 것이 인간일지도 모른다.

　시조 또는 시에서 시적 자물쇠를 지나치게 견고하게 하면 독자는 그 비밀번호를 풀기가 매우 어려워지는 약점이 되기도 하지만 반대로 신선한 충격요법이 되기도 한다.

　'움켜쥔 막바지 무늬'는 독자와의 소통을 방해한다. 이런 경우는 약간의 힌트를 주어야 한다. 예를 들면 '막바지 무늬'를 '자존심 또는 숨기고 싶은 얘기'의 은유라고 한다면 '숨겨둔 마지막 얘기는 섬 하나로 남겨둔다.'처럼 독자와의 소통할 통로를 만들어 주는 것도 필요하다. 작가의 작품은 독자를 외면할 수 없기 때문이다. 독자로부터 외면받으면, 즉 독자가 무슨 말인지 난해하게 여긴다면 오히려 그 작품이 외로운 섬이 될 수도 있음을 염두에 두어야겠다.

> 주야로 황토밭이 옥토 되길 섬기던 분
> 벚꽃 비 날리던 날 먼 길을 떠나시며
> 아쉬움 선산에 묻고 풍경소리 입으셨네.
>
> 계단마다 매듭진 삶 허위허위 올라가면
> 접혀진 날갯죽지 갈무리된 거처에서
> 백 년 된 백로 한 마리 훠이훠이 날아가네.
> 「승천」 전문

 벚꽃이 화사하게 핀 어느 봄날 이승을 하직하신 부모나 집안의 어느 어른을 기리며 쓴 작품으로 보인다.
 '풍경소리를 입었다' 하는 표현 때문이다. 이 작품은 어렵지 않은 쉬운 말로, 특별한 시어를 골라 쓴 흔적은 보이지 않지만 몇 군데는 언어의 조합을 통하여 '낯설게 하기'를 잘하였다.
 첫수 초장 후구에 '섬기던 분'이라는 표현에서 농부의 진실하고 소박한 마음과 간절한 소망을 함께 읽을 수 있다.

'아쉬움을 선산에 묻고'라는 표현도 다정다감하다. 조상의 뜻을 제대로 받들지 못한 불효자의 아쉬움을 선산에 가서 용서를 빌며 그 마음마저도 선산에 묻겠다는 진솔한 마음을 엿볼 수 있다.

셋째 수 '계단마다 매듭진 삶'이라는 표현도 보통 솜씨가 아니다. 우리의 삶은 수많은 계단으로 이루어진 삶이다. 그 계단은 대리석처럼 부드럽고 우아한 계단이 아니라 수많은 아픈 매듭들에 상처를 덧발라 쌓아 올린 계단이다. 이제 그 영혼은 한 마리 학이 되어 훨훨 날아가는 중이다. 죽음을 단순히 슬픈 모습으로만 그려내지 않고 한 마리 학이 된다는 고결한 표현으로 죽음을 아름답게 승화시킨 작품이다.

햇살과 찬 서리가 올올이 버무려져

홍록의 사연들이 빚어낸 무릉도원

가을시
고운 발자국
마음길을 밟고 가네.

불꽃으로 승화시킨 축제를 마감하면

열연한 배우에게 박수치는 관객처럼

낙엽 비
융단을 깔며
고운 임을 보낸다.

「가을 발자국」 전문

  이 작품 역시 언어의 짜임새가 색다르다. 첫수 초장, 중장, 종장이 모두 꿰어 놓은 구슬처럼 아름답다. 단풍을 햇살과 찬 서리를 버무려 빚은 무릉도원이라고 찬사를 보내고 있다. 단풍잎이라 하여 어찌 사연이 없겠는가? 비바람도, 벌레에 먹히기도, 삶의 갈증도, 때로는 환희까지도 지니고 있을 것이다.

  둘째 수는 마치 사랑하는 임을 보내는 광경을 보는 듯하다.

  낙엽도 그냥 낙엽이 아니라 '낙엽 비'라고 한다. 낙엽이 떨어져 깔리는 모습을 낙엽비가 내리며 융단을 깐다고 표현하는 기교가 비범하다. 떨어진 낙엽마저도 융단으로 재직조할 수 있는 능력의 소유자 또는 미다스의 손을 가진 이는 시인뿐일 것이다. 현대시조란 바로 이런 언어의 유희가 아닐까 한다. 이 작품을 읽으면 고시조 냄새가 전혀 나지 않는다. 그러면서도 시조의 정체성은 뚜렷하게 나타나 있다.

  아무리 현대시조가 발전하여 그 모습이 변한다 하더라도 시조의 피(meme)만큼은 변화시킬 수 없다. 전통문화이기 때문에 누구를 막론하고 그 정체성을 지킬 때 가치와 빛을 더하게 될 것이다.

걸친 옷은 서걱대고 머리는 백발인데
햇살을 잔뜩 이고 온종일 서성이며
세월에 빠진 청춘을 아쉬운 듯 바라본다.

「갈대밭에서」 전문

　프랑스가 낳은 철학자 파스칼(Blaise Pascal)은 그의 저서 『팡세』에서 "인간은 생각하는 갈대"라고 말하고 있다. 갈대의 이미지는 동양과 서양이 다르다. 동양에서는 우유부단한 성격의 소유자 또는 강풍에도 부러지지 않는 유연성의 이미지를 갖고 있지만, 서양에서는 사유하는 존재로서의 이미지가 더 강하다. 우리는 종종 심지가 굳지 못해 흔들리는 이를 갈대에 비유하기도 한다.
　위 작품에서 눈길을 끄는 것은 종장이다. '세월에 빠진 청춘'이란 낯선 언어의 조합이 우리를 기쁘게 한다. 청춘은 세월에 빠져 허우적거리다 보면 어느새 머리에는 햇살에도 녹일 수 없는 서리가 내리게 된다.
　황혼에 접어들어 지나온 과거를 돌이켜보면 많은 아쉬움이 군데군데 지울 수 없는 흔적으로 남아 있다.
　모두가 자신의 선택에 따라 이루어진 일들이지만 지나놓고 보면 많은 아쉬움이 남게 마련이다.

임 찾아 귀한 손님 아파트에 오셨는가
꽃대에 숨긴 설움 사슴처럼 목을 빼고
가슴에 타는 불꽃을 횃불처럼 들고 섰다.

이별의 서러움이 삭지도 못했는데
　　곱상한 화관 머리 이우는 저녁나절
　　내년 봄 기약하면서 꿈 하나를 묻는다.
　　　　　　　　　　　　　　「꽃무릇 방문」 전문

　이 작품 역시 의인화하여 지은 것으로 '꽃무릇'을 보조 관념으로 사용하였다. 꽃무릇 화분을 아파트에 들여놓고 '손님'이 왔다고 말하지만, 시인은 사슴처럼 목을 길게 빼고 누군가를 기다리는 간절한 소망으로 꽃불을 들고 있는 손님이라는 것이다.

　꽃무릇은 꽃이 필 때는 잎이 없고, 잎이 달려 있을 때는 꽃이 없어 꽃과 잎이 서로 그리워한다는 이미지를 갖고 있다. 상사화와는 꽃의 색깔과 모양에서 약간 차이가 있으나 종종 같은 의미로 사용되기도 한다.

　둘째 수는 비록 꽃은 시들어가지만 '내년 봄을 기약하는 꿈 하나를 묻는다.'라고 하면서 아픔을 승화시켜 미래를 꿈꾼다는 희망의 메시지를 독자에게 전달하고 있다.

　이처럼 시조의 종장 처리는 독자에게 늘 희망을 주는 마감의 장이 되어야 한다.

　　큰 길가 공원에서 양지 자리 풀꽃 주고
　　햇살 찾아 승천하듯 구불구불 가지 엮어
　　수천 년 이어갈 자손 마디마디 키운다.

　　해풍이 휠뜯어도 벼랑에서 곡예하듯
　　예술혼 불태우듯 푸른 지절 펼쳐내면
　　우뚝 선 선비의 기상 만천하의 표상이다.

산마을 명당에서 하늘을 떠받들다
올곧은 미송 된 후 구중궁궐 꾸미고자
한목숨 기꺼이 바쳐 대들보로 다시 산다.

「나무살이」 전문

'소나무'는 우리 민족에게는 특별한 나무이다. 옛 선비들이 지조志操나 절개節介를 나타내는 상징으로 쓰인 나무이다. 어찌 보면 민족의 얼이 배었다고나 할까. 사시사철 푸른 기상은 우리 민족의 은근과 끈기를 대변하는 듯하다.

둘째 수에서 '지절', '기상', '표상', '한목숨 기꺼이 바치다' 등등 올곧은 선비를 상징하는 표현이 많다. 특히 셋째 수에서 '죽어도 살고 있다.'라는 역설은 독자들에게 많은 메시지를 남긴다. 구중궁궐의 대들보로 다시 태어났으니 우리의 삶도 이러면 좋을 텐데.

햇살로 그림자를 지워준 은인이여
수만 리 생사 넘어 신학문 들여다가
푸른 솔 한결같은 우정 토담집에 걸어놨네.

권세란 흙탕물에 연꽃처럼 피어나서
뛰어난 통역술에 웃기로 시화까지
그 열정 불사조 되어 세한도에 살고 있네.

「추사의 편지」

"제자 이상적에게"라는 부제가 달린 작품이다. 특히 추사 김정희가 이상적에게 그려준 <세한도>는 유명하다. 제자의 따뜻한 마음과 스승을 존경하는 이상적에게 답례로 그려준 그림으로 제자의 성품을 소나무와 잣나무에 비유한 그림이다.

초장 "햇살로 그림자를/지워준 은인이여"는 무슨 의미일까? 추사가 귀양살이하는 동안 대개는 그와 접촉하기를 꺼렸지만, 제자 이상적만은 중국의 양서들을 구해 추사에게 전해주는 햇살 같은 마음씨를 은유한 것은 아닐까.

화자가 말했듯이 권력은 흙탕물이며 무상한 것이다. 잠시 지나가는 바람 같은 것이다. 추사의 세한도에서 그 마음을 읽어내는 시인의 눈매가 대단한 직감력을 가지고 있음을 발견할 수 있는 대목이다. 특히 종장 후구 처리를 현재형 시제를 선택함으로써 더욱 생생하게 묘사되고 있다.

> 인왕산을 마주한 미술관 뒤뜰에는
> 한옥이 날아갈 듯 숨 고르며 앉았는데
> 탁 트인 별천지 세상이 온갖 시름 잊게 한다.
>
> 주인장 소싯적에 문전박대 당했어도
> 가슴엔 개혁이란 이상향 심었으니
> 천년 송 못다 푼 꿈이 사랑채에 익어간다.
>
> 별 같은 아들 두고 천하를 주무르다
> 쇄국이란 걸림돌에 그림자로 내쳐지니
> 난蘭 치며 잠재운 울분 소낙비가 올 것 같다.
> 　　　　　　　　　　　　　　「석파정에서」

"대원군 별장"이라는 주석이 달려 있다. 석파정石坡亭은

조선시대에 세워진 흥선대원군 별서興宣大院君 別墅에 딸린 정자로 1974년 1월 15일 서울특별시 유형문화재 제26호로 지정된 바 있다.

이 작품의 절정은 셋째 수 종장이다. '난蘭 치며 잠재운 울분 소낙비가 올 것 같다'라는 표현은 말 그대로 절창이라 하지 않을 수 없다. 화자가 말하는 '소낙비'는 무엇일까? 아마 참고 참았던 통분의 눈물이 아닐까.

상상력은 시조를 더욱 아름답게 만든다. 시는 원래 상상력을 필요로 하는 예술이지만 이 상상력은 경험 또는 체험을 그 밑바탕에 깔고 있어야 한다. 예문에서 '소낙비가 올 것 같다.'라는 표현은 화자의 경험을 바탕에 깔고 있는 상상력이 동원된 것이다.

푸르름 날로 더해 무성함을 노래하다

베틀에 올라 앉아 세모시로 부활하면

백옥 빛
신의 나래가
나비인 듯 가볍다.

뽀오얀 살결에다 쪽물이 곱게 들어

쌈솔도 춤을 추듯 하늘빛을 물어다가

아련한
색색의 추억
한 땀 한 땀 살려낸다.

「모시」 전문

　모시의 역사는 언제부터인지 확실치는 않으나 <후한서>에 보면 삼국시대에 이미 모시를 생산한 것으로 기록되어 있다. 모시 중에선 '세모시'가 최고이다. 그래서 화자도 '세모시'로 부활한다고 했다.
　첫수 종장에서 세 세모시를 '신의 나래'라고 표현한 발상이 기발하다.
　둘째 수 중장에서 '쌈솔도 춤을 춘다.'고 했는데 쌈솔은 한쪽 시접을 다른 한쪽보다 더 넓게 두고 박은 다음, 뒤집어 넓은 시접으로 좁은 시접을 싸서 납작하게 눌러 박은 솔기를 이르는 말로 이 쌈솔이 하늘빛을 물어다가 아련한 추억을 한땀 한땀 살려낸다고 말하고 있다. 이 역시 상상력의 동원된 표현이다.

이제사 문 열었네 천년 세월 임의 비밀
미륵불 기다리던 무왕의 간절한 맘
그 염원 흘러 빚어서 햇살 아래 웃으신다.

풍화에 돌옷 입고 상처 난 반쪽 생애
옥개석 고개 들어 하늘 향한 합장인데
깨어진 꿈의 조각에 풍경소리 아려온다.

    심주에 보물 품고 구국의 크나큰 뜻
    이제사 도공 손에 되살아 난 조상 숨결
    인간사 회한의 돌탑은 편작인들 복원할까.
                        「미륵사지 석탑」 전문

  익산 미륵사지는 백제 최대의 가람으로 삼국유사에 나온다. 연못 속에서 미륵 삼존불이 나와 이 절을 창건했다고 전하고 있다. 국보이며 세계문화유산으로 등재된 인류의 보물이다.

  첫수에서 말하는 '무왕'은 신라 선화공주와 결혼한 서동을 말한다, 서동은 후에 백제 30대 왕으로 등극하게 된다. 둘째 수 '깨어진 꿈의 조각에 풍경소리 아려온다.'를 보면 풍경소리가 '들려온다'고 하지 않고 '아려온다.'고 했다. 이런 시어의 선택에서 독자는 아픔을 느끼게 되는데 소위 말하는 공감각적 심상이기 때문이다. '소리'라는 청각이 '아리다'라는 촉각으로 심상이 전이되어 청각의 촉각화로 의미를 증폭하고 있다.

  셋째 수 '인간사 회한의 돌탑은 편작인들 복원할까.'를 보면 회한의 돌탑이라 했는데 이는 일부가 무너져 내렸기 때문이다.

  석탑은 거의 전면이 붕괴되어 동북면 한 귀퉁이의 6층까지만 남아있으나 본래는 9층으로 추정된다고 학자들은 말한다. 그러니 어찌 회한이 없겠는가?

  편작은 중국 춘추전국시대의 명의名醫이다. 못 고치는 병이 없었다고 하는 의원이니 그분을 데려다가 돌탑을 고쳐 놓으라 해도 고칠 수 없을 것이라는 화자의 안타까움을 나타낸 표현이다. 물론 이치상이나 과학적으로 보면 석수장이와 의사는 그 직업이 완연히 다르니 당연한 일이겠으나 시에서는 이런 비유와 상상이 가능하다. 이런 비유가 시조를 더욱 맛깔스럽게 만들어 독자들이 시의 매력에 빠지게 한다.

Ⅲ. 마치며

　근자에 이르러 우리 사회에서는 우리 문화의 소중함을 인식하고 옛것의 복원 또는 부활이 여러 분야에서 나타나고 있다. 그런데도 시조가 주목받지 못하는 이유는 무엇일까? 진지하게 검토하고 연구할 필요가 있다.

　시조는 틀(관습)의 굴레를 수용하면서 자유를 향유해야 하고 이런 재능은 바로 시인의 능력이 되는 것이다. 좋은 작품은 시인의 손끝에서 나오는 유희가 아니라 심중에서 솟구치는 순수하고 진실한 어깨춤이다. 그래야 즐길 수 있다. 즐기는 것은 지식이나 좋아하는 것보다 한 수 위이다.

　좋은 시조집은 절친한 나의 친구이다. 즉 그런 시조집은 내 곁(독자)을 떠나지 않을 것이다. 이런 점에 비추어 이순향 시인이 이번에 발간하는 『네 꽃은 언제 붉지』는 모두의 친구가 될 것이라는 믿음을 갖는다. 시조시인은 나라國家의 시인詩人이라는 자부심을 가져야 한다.

    이순향 시인은 앞으로 더욱 아름답고 예술성 깊은 사유의 세계를 작품에 반영시켜 우리 시조사時調史를 빛낸 시인으로 각인되기를 진심으로 기대한다.

    다시 한번 시조집 발간을 축하드리며 많은 독자의 사랑을 독차지하기를 바라는 바이다.